¿Qué pasa en la primavera?

Las aves en la primavera

por Jenny Fretland VanVoorst

Ideas para padres y maestros

Bullfrog Books permite a los niños practicar la lectura de texto informacional desde el nivel principiante. Repeticiones, palabras conocidas y descripciones en las imágenes ayudan a los lectores principiantes.

Antes de leer

- Hablen acerca de las fotografías. ¿Qué representan para ellos?

- Consulten juntos el glosario de fotografías. Lean las palabras y hablen de ellas.

Lean en libro

- "Caminen" a través del libro y observen las fotografías. Deje que el niño haga preguntas. Señale las descripciones en las imágenes.

- Lea el libro al niño, o deje que él o ella lo lea independientemente.

Después de leer

- Inspire a que el niño piense más. Pregunte: ¿Has visto un nido con huevos adentro? ¿Los viste después de que nacieran los huevos?

Bullfrog Books are published by Jump!
5357 Penn Avenue South
Minneapolis, MN 55419
www.jumplibrary.com

Library of Congress Cataloging-in-Publication Data

Fretland VanVoorst, Jenny, 1972– author.
 [Birds in spring. Spanish]
 Las aves en la primavera / por Jenny Fretland VanVoorst.
   pages cm. — (¿Qué pasa en la primavera?)
 "Bullfrog Books are published by Jump!."
 Summary: "This photo-illustrated book for beginning readers describes the behavior of birds in the spring as they look for a mate, build a nest, and raise their young. Includes picture glossary and index."—Provided by publisher.
 Audience: Ages 5–8.
 Audience: K to grade 3.
 Includes index.
 ISBN 978-1-62031-250-6 (hardcover: alk. paper) —
 ISBN 978-1-62496-337-7 (ebook)
 1. Birds—Behavior—Juvenile literature.
 2. Spring—Juvenile literature. I. Title.
 QL698.3.F6818 2016
 598.156—dc23

                                    2015010624

Series Designer: Ellen Huber
Book Designer: Michelle Sonnek
Photo Researcher: Michelle Sonnek
Translator: RAM Translations and Breanna Berry

Photo Credits: All photos by Shutterstock except: age fotostock, 14–15; Corbis, 1; Dreamstime, 12–13; Glow Images, 4; SuperStock, 13; Thinkstock, 24; Whitney Hartshorne/Flickr, 11.

Printed in the United States of America at Corporate Graphics in North Mankato, Minnesota.

Tabla de contenido

Aves ocupadas

Es la primavera.
El aire se calienta.

Los hojas crecen
en los árboles.

Las flores florecen.

Las aves regresan
del sur.

Es hora de encontrar
una pareja.

El macho canta.

La hembra le escucha.

Le gusta su canción.

Son una pareja.

Las aves construyen un nido.

Usan barro y pasto.

La hembra pondrá huevos.

11

Mamá pájaro cuida de
los huevos.

Los mantiene calientes.

En 14 días nacerán.

Las aves bebés
quieren comer.

Abren sus picos
y pían.

Mamá les trae
un insecto.

Primero lo
mastica.

Luego les da de comer.
¡Mmm!

Los bebés han crecido.
Mira sus plumas.

Extienden sus alas.

¡Es hora de volar!

Las partes de un ave

plumas
Las piezas ligeras y mullidas que cubren el cuerpo de un ave.

alas
Los miembros plumados de un ave que se mueven para volar.

pico
La parte dura y córnea de la boca de un ave.

garra
Una uña dura, curva y aguda en el pie de un pájaro.

Glosario con fotografías

extender
Abrirse.

pareja
Conjunto de dos
pájaros para
estar juntos.

nacer
Salir de un huevo.

sur
La parte calurosa
del mundo donde
algunas aves
pasan el invierno.

Índice

Para aprender más

Aprender más es tan fácil como 1, 2, 3.

1) Visite www.factsurfer.com

2) Escriba "lasaves" en la caja de búsqueda.

3) Haga clic en el botón "Surf" para obtener una lista de sitios web.

Con factsurfer.com, más información está a solo un clic de distancia.

24